4. VORGEKOCHTE UND GETROCKNETE JAPANISCHE NUDELN

Dies Nudeln schmecken bestens in Suppen, in denen sie mitgekocht werden.

5. BIO-EIERNUDELN IN NESTERN

Weil sie weich sind und einen milden Geschmack haben, schmecken sie besonders in Nudelgerichten ohne Brühe wie Ae-men und gebratene Nudeln.

6. JAPANISCHE INSTANT-NUDELN

Diese Nudeln bestehen aus Weizen, Tapioka, Ei und Soja und können wunderbar in Suppen auf Fleischbasis mitgekocht werden.

7. CHINESISCHE EIERNUDELN

Diese Nudeln sind häufig auch in Supermärkten erhältlich.

8. DÜNNE GETROCKNETE CHINESISCHE EIERNUDELN

Diese Nudeln passen wunderbar zu kalten Sommer-Nudelgerichten (siehe Seite 60, 62, 64 und 66).

9. BREITE GETROCKNETE CHINESISCHE NUDELN

Diese Nudeln schmecken hervorragend in heißen Ramensuppen mit Sesam und Miso.

8

7

BESTANDTEILE

Japanische Ramen bestehen aus Weizenmehl, Wasser, Eiern und Salz sowie einer Mischung aus Wasser und Natriumhydrogencarbonat, die Kansui genannt wird. Kansui macht den Teig weich und dehnbar, sodass daraus sehr dünne Nudeln hergestellt werden können.

ZUBEREITUNG

2 Liter Wasser in einem großen Topf zum Kochen bringen. Die Nudeln nach Packungsangabe darin garen. Dabei ständig rühren, damit sie nicht zusammenkleben. Sollte das Wasser zu stark kochen, sodass es überschäumt, ein halbes Glas kaltes Wasser zufügen. Zur Garprobe eine Nudel in der Mitte durchschneiden.

- Bissfeste Nudeln: Eignen sich für heiße Ramensuppen. Die Nudeln in einem Sieb gut abtropfen lassen und auf Schalen verteilen.

- Weiche Nudeln: Eignen sich für kalte Ramengerichte. Unter kaltem Wasser abspülen, um überschüssige Stärke zu entfernen.

SACHIYO HARADA
FOTOS VON AKIKO IDA

Ramen

DIE BESTEN JAPANISCHEN NUDELSUPPEN

Bassermann

Inhalt

GRUNDREZEPTE

Hühnerbrühe ... 8
Shoyu-Brühe ... 10
Misobrühe ... 11
Shio-Brühe ... 12
Yakibuta-Braten ... 14
Marinierte Eier ... 16
Aromatisiertes Öl ... 18

SHOYU-RAMEN

Shoyu-Ramen ... 20
Shiitake & Knoblauchchips ... 22
Teriyaki-Ramen mit Huhn & Ei ... 24
Nabeyaki-Ramen mit Surimi ... 26
Wantan mit Schweinefleisch ... 28

MISO-RAMEN

Hokkaido-Miso-Ramen ... 30
Miso-Ramen ... 32
Herbstramen ... 34
Winterramen ... 36
Garnelen-Miso-Ramen ... 38

SHIO-RAMEN

Ramen mit Garnelen, Salat & Edamame ... 40
Zitronenramen ... 42
Ramen mit Muscheln & Sake ... 44
Jakobsmuscheln & Pak-choi ... 46
Shio-Ramen ... 48
Saucen ... 50

NUDELN MIT SAUCE

Nudeln mit Schweinefleisch ... 52
Nudeln mit Kohl & Ingwer ... 54
Nudeln mit Sprossen & Schnittlauch ... 56
Gebratener Tofu ... 58
Nudeln mit Huhn & Gemüse ... 60
Nudeln mit Garnelen & Spargel ... 62
Nudeln mit Huhn & Brunnenkresse ... 64
Veggie-Nudeln mit Avocadosauce ... 66
Nudeln mit Schnitzel ... 68
Chinesisches Fondue mit Nudeln ... 70
Fleischbällchen-Fondue ... 72
Fertigbrühen ... 74

HÜHNERBRÜHE

Für 4 Personen • Vorbereitung: 5 Min.
Ruhen: 1 Std. • Garen: 55 Min.

• Den Kombu 1 Stunde in 2 Litern warmem Wasser einweichen.

• Knoblauch, Zwiebel und Karotte schälen. Den Knoblauch zerdrücken, die Zwiebel halbieren und die Karotte in Scheiben schneiden. Den Ingwer mit Schale in feine Scheiben schneiden.

• Die Hähnchenkeulen am Gelenk zerteilen und mit Knoblauch, Zwiebel, Karotte und Ingwer zum Kombu ins Wasser geben. Das Wasser zum Kochen bringen und 15 Minuten bei mittlerer Hitze köcheln lassen. Den Kombu entfernen. Die Hitze reduzieren und 40 Minuten weiterköcheln. Den dabei entstehenden Schaum abschöpfen. Anschließend die Brühe abgießen. Sie kann bis zu 3 Tage im Kühlschrank aufbewahrt werden.

SHOYU-BRÜHE

Für 4 Personen • Vorbereitung: 2 Min.
Garen: 2 Min.

1,6 l Hühnerbrühe (Seite 8)

+

80 ml Sojasauce

+

3 EL Sake

1 EL Pflanzenöl

• Die Brühe in einen Topf geben und Sojasauce, Sake und Öl hinzufügen. Alles zum Kochen bringen. Wenn die Brühe abgekühlt ist, kann sie bis zu 3 Tage im Kühlschrank aufbewahrt werden.

Es gibt drei Arten von Sojasauce: Reguläre, Tamari (dunkel und stark, traditionell glutenfrei), Usukuchi (hell). Sie unterscheiden sich in Geschmack und Salzgehalt und werden je nach Rezept unterschiedlich eingesetzt.

MISOBRÜHE

Für 4 Personen • Vorbereitung: 2 Min.
Garen: 3 Min.

1,6 l Hühnerbrühe (Seite 8) + 120 g helle Misopaste + 3 EL Mirin (Seite 79)

1 EL Pflanzenöl + 1 EL Tahini

- Die Brühe in einen Topf geben und Mirin und Öl zufügen. Dann alles zum Kochen bringen.
- Miso und Tahini in einer kleinen Schüssel mit etwas Brühe verrühren. In den Topf gießen und 1 Minute ziehen lassen, die Brühe darf nicht aufkochen. Die Brühe kann bis zu 3 Tage im Kühlschrank aufbewahrt werden.

Es gibt drei Arten von Miso: hell, rot und dunkel. Sie unterscheiden sich in Geschmack und Salzgehalt und werden je nach Rezept unterschiedlich eingesetzt.

SHIO-BRÜHE

Für 4 Personen • Vorbereitung: 2 Min.
Garen: 2 Min.

1,6 l Hühnerbrühe (Seite 8) + 8 g Salz + 3 EL Sake

1 EL Pflanzenöl + 2 EL Nuoc-mâm

• Die Brühe in einen Topf geben, die übrigen Zutaten einrühren und alles zum Kochen bringen. Dann die Brühe vom Herd nehmen. Sie kann bis zu 3 Tage im Kühlschrank aufbewahrt werden.

»Shio« ist japanisch und bedeutet auf Deutsch »Salz«.

YAKIBUTA-BRATEN

Für 4 Personen • Vorbereitung: 5 Min.
Garen: 45 Min.

• Den Lauch gründlich waschen und in 6 cm lange Stücke schneiden. Den Ingwer mit Schale fein hacken.

• Etwas Pflanzenöl in einer Pfanne erhitzen und den Braten darin von allen Seiten anbräunen. Lauch und Ingwer zufügen und 5 Minuten mitbraten.

• Sojasauce, Apfelsaft und 100 ml Wasser zugießen und alles auf kleiner Stufe unter gelegentlichem Rühren schmoren.

• Auf Raumtemperatur abkühlen lassen. Die Sauce kann zum Würzen der Shoyu-Brühe (Seite 10) verwendet werden. Der Braten lässt sich bis zu 3 Tage im Kühlschrank aufbewahren. 30 Minuten vor dem Servieren herausnehmen.

PALLARES
SOLSONA INOX

MARINIERTE EIER

Für 4 Personen • Vorbereitung: 5 Min.
Ruhen: 1 Std. • Garen: 10 Min.

4 Eier

60 ml Sojasauce

30 ml Mirin (Seite 79)

1 EL Zucker

45 ml Wasser

• Alle Zutaten für die Marinade in einen Topf geben und zum Kochen bringen. Vom Herd nehmen und abkühlen lassen.

• Die Eier in kochendem Wasser 7–8 Minuten garen. Unter fließendem kaltem Wasser abschrecken, dann schälen und abkühlen lassen.

• Die Marinade in einen Gefrierbeutel mit Zip-Verschluss füllen und die Eier hineinlegen. Verschließen und für mindestens 1 Stunde in den Kühlschrank legen.

• Die Flüssigkeit kann auch zum Würzen oder Marinieren von gekochtem Fleisch verwendet werden.

AROMATISIERTES ÖL

1 Rezept – 4 Variationen

PFLANZENÖL NACH WAHL
200 ml

ZUBEREITUNG

Die Würze in eine Schüssel geben. Das jeweilige Gemüse waschen, putzen und fein würfeln. Etwas Öl in einer Pfanne auf kleiner Stufe erhitzen und das Gemüse darin leicht anbräunen. In ein Schraubglas füllen und auf Raumtemperatur abkühlen lassen. Dann das Pflanzenöl zugeben und das Glas verschließen. An einem kühlen Ort bis zu 3 Monate aufbewahren. Das Öl durch ein Sieb abgießen und Zwiebel oder Knoblauch als Topping verwenden.

AROMATISIERTES ÖL IN 4 VARIATIONEN

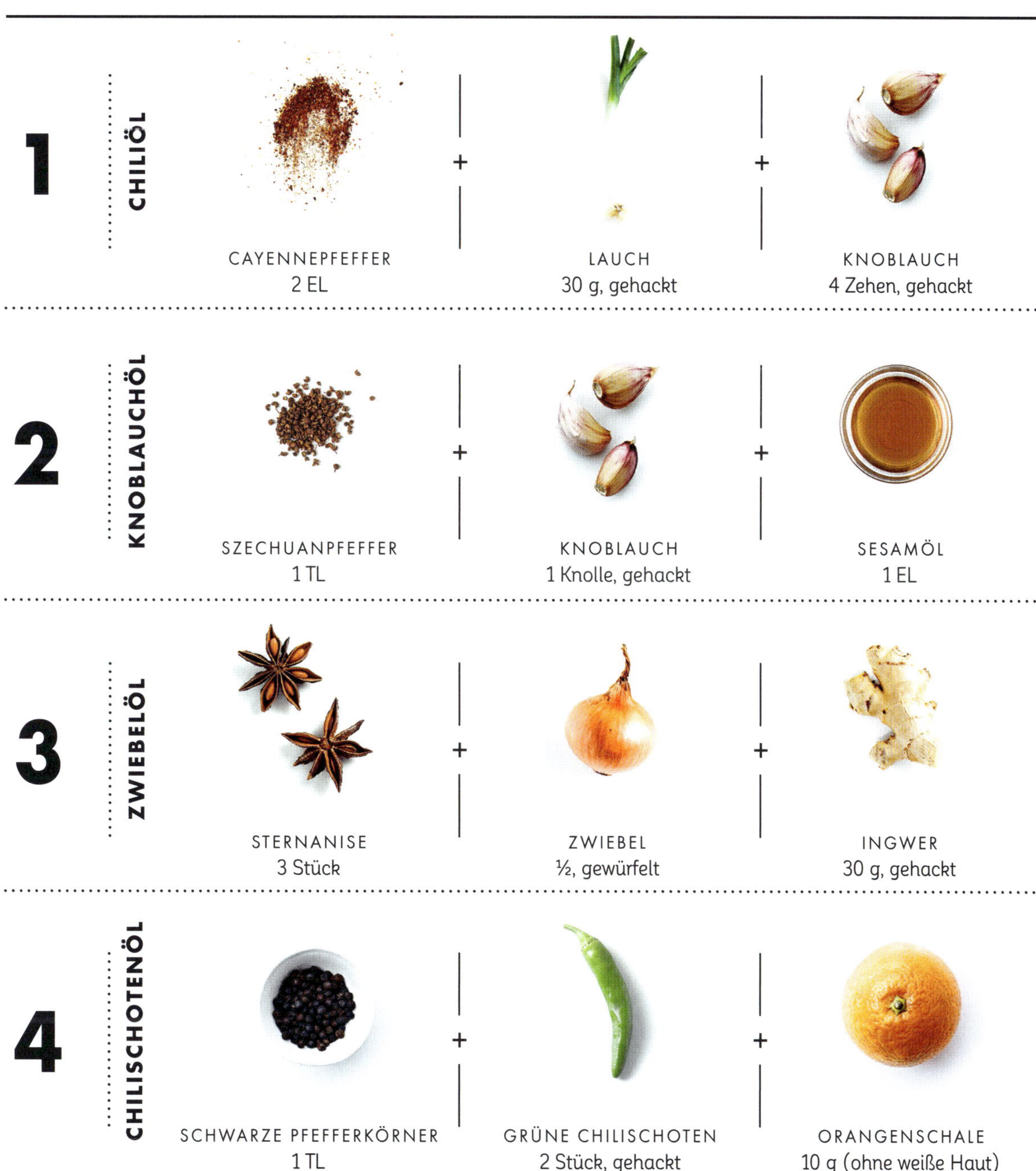

1	CHILIÖL	CAYENNEPFEFFER 2 EL	LAUCH 30 g, gehackt	KNOBLAUCH 4 Zehen, gehackt
2	KNOBLAUCHÖL	SZECHUANPFEFFER 1 TL	KNOBLAUCH 1 Knolle, gehackt	SESAMÖL 1 EL
3	ZWIEBELÖL	STERNANISE 3 Stück	ZWIEBEL ½, gewürfelt	INGWER 30 g, gehackt
4	CHILISCHOTENÖL	SCHWARZE PFEFFERKÖRNER 1 TL	GRÜNE CHILISCHOTEN 2 Stück, gehackt	ORANGENSCHALE 10 g (ohne weiße Haut)

SHOYU-RAMEN

Für 4 Personen • Vorbereitung: 10 Min.
Garen: 7 Min.

400 g Nudeln nach Wahl

+

1,6 l Shoyu-Brühe (Seite 10)

+

8 Scheiben Yakibuta-Braten (Seite 14) oder Schweinebratenaufschnitt

2 Blätter Nori

+

4 marinierte Eier (Seite 16)

+

¼ Bund Frühlingszwiebeln (nur der grüne Teil)

- Die Frühlingszwiebeln in feine Ringe scheiden und die Noriblätter vierteln. Die Eier halbieren.
- Die Shoyu-Brühe in einem Topf erhitzen. Inzwischen Wasser in einem großen Topf zum Kochen bringen.
- Sobald die Brühe heiß ist, die Nudeln ins kochende Wasser geben und einige Minuten kochen, bis sie weich, aber noch bissfest sind. In einem Sieb abtropfen und auf vier Schalen verteilen. Zügig mit der heißen Brühe übergießen, damit die Nudeln noch nachgaren können.
- Auf jede Suppe 2 Bratenscheiben, 1 Ei, ½ Noriblatt und Frühlingszwiebelringe geben.

SHIITAKE & KNOBLAUCHCHIPS

Für 4 Personen • Vorbereitung: 10 Min.
Garen: 12 Min.

- Die Pilze putzen und halbieren.
- Den Knoblauch schälen und in feine Scheiben schneiden. Etwas Öl in einer Pfanne auf mittlerer Stufe erhitzen und den Knoblauch darin leicht anbräunen. Herausheben und abtropfen. Die Sojasauce in die Pfanne geben und bei starker Hitze einkochen. Die Pilze zufügen und schmoren. 2 Esslöffel Shoyu-Brühe angießen, den Deckel auflegen und 3 Minuten bei mittlerer Hitze köcheln lassen.
- Die Nudeln nach Packungsangabe kochen. Abtropfen und auf vier Schalen verteilen. Mit der heißen Brühe übergießen.
- Jede Suppe mit Shiitakescheiben und Knoblauchchips belegen und mit klein geschnittenem Schnittlauch bestreuen. Sofort servieren.

TERIYAKI-RAMEN MIT HUHN & EI

Für 4 Personen • Vorbereitung: 5 Min.
Garen: 20 Min.

400 g Nudeln nach Wahl

1,6 l heiße Shoyu-Brühe (Seite 10)

4 Hähnchenkeulen, entbeint

4 EL Austernsauce

4 marinierte Eier (Seite 16)

¼ Bund Schnittlauch

• In einer trockenen Pfanne das Hähnchenfleisch bei mittlerer Hitze auf der Hautseite 5 Minuten braten. Wenden und von der anderen Seite 3 Minuten braten.

• Austernsauce, 3 Esslöffel Wasser und etwas Pfeffer in einer Schüssel vermischen. Zum Hähnchenfleisch gießen und 5 Minuten einkochen lassen. Jede Hähnchenkeule in acht Stücke schneiden.

• Die Nudeln nach Packungsangabe kochen. Abtropfen und auf vier Schalen verteilen. Mit der heißen Brühe übergießen.

• Jede Suppe mit Hähnchenstücken sowie 1 Ei belegen und mit klein geschnittenem Schnittlauch bestreuen. Sofort servieren.

NABEYAKI-RAMEN MIT SURIMI

Für 4 Personen • Vorbereitung: 10 Min.
Garen: 10 Min.

- 400 g Nudeln nach Wahl
- 1,6 l heiße Shoyu-Brühe (Seite 10)
- 4 Eier
- 8 Shiitake-Pilze
- 150 g Surimi
- 1 Stange Lauch (nur der grüne Teil)

• Die Pilze putzen und in Scheiben schneiden, den Lauch gründlich waschen und in Streifen schneiden. Die Surimistücke halbieren.

• Die Nudeln nach Packungsangabe kochen. In ein Sieb geben, unter fließendem kaltem Wasser abspülen und abtropfen lassen. Auf vier Mini-Ofenformen (Mini Cocottes) verteilen oder in einen großen Topf füllen.

• Die Brühe über die Nudeln gießen und jede Suppe mit Pilzscheiben, Lauchstreifen und Surimi belegen. In jede Suppe 1 Ei aufschlagen und etwa 5 Minuten köcheln lassen. Heiß servieren.

STAUB
STAUB

WANTAN MIT SCHWEINEFLEISCH

Für 4 Personen • Vorbereitung: 20 Min.
Garen: 8 Min.

- Den Lauch in feine Streifen schneiden und gründlich waschen.
- 10 g Lauch fein hacken und mit dem Mett und etwas Pflanzenöl vermengen. Die Wantan-Blätter auslegen und auf jedes Blatt 1 Teelöffel Mettfüllung geben. Die Seiten der Wantans einschlagen, die Ränder befeuchten und zusammendrücken.
- Gefüllte Wantans und Zuckererbsen 4 Minuten in kochendes Wasser geben. Mit einem Schaumlöffel herausheben.
- Im selben Wasser die Nudeln nach Packungsangabe kochen. Abtropfen und auf vier Schalen verteilen. Mit der heißen Brühe übergießen und mit Zuckererbsen, Wantans und Lauch anrichten. Sofort servieren.

HOKKAIDO-MISO-RAMEN

Für 4 Personen • Vorbereitung: 15 Min.
Garen: 7 Min.

400 g Nudeln nach Wahl

1,6 l heiße Misobrühe (Seite 11)

¼ Bund Frühlingszwiebeln

200 g Bohnensprossen

200 g Mais aus der Dose

12 Scheiben Yakibuta-Braten (Seite 14) oder Schweinebratenaufschnitt

- Die Frühlingszwiebeln waschen und in Ringe schneiden.
- Etwas Öl in einer Pfanne auf hoher Stufe erhitzen und die Bohnensprossen darin 3 Minuten dünsten. Mit Salz und Pfeffer würzen.
- Die Nudeln nach Packungsangabe kochen. Abtropfen und auf vier Schalen verteilen. Mit heißer Brühe übergießen.
- Die Suppe mit Bratenscheiben, Frühlingszwiebelröllchen, Bohnensprossen und abgetropftem Mais belegen. Sofort servieren.

MISO-RAMEN

1 Rezept – 4 Variationen

ZUBEREITUNG

Nur den grünen Teil der Frühlingszwiebeln in Ringe schneiden. Den Knoblauch schälen und hacken und mit Fleisch oder Tintenfisch in einer Pfanne in etwas Öl anbräunen. Das Gemüse zufügen und 1 Minute bei starker Hitze braten. Salzen und pfeffern. Die Brühe zugießen und 3 Minuten köcheln lassen. Die Nudeln kochen, abtropfen und auf vier Schalen verteilen. Die heiße Brühe angießen und mit den übrigen Zutaten belegen. Sofort servieren.

MISO-RAMEN IN VARIATIONEN

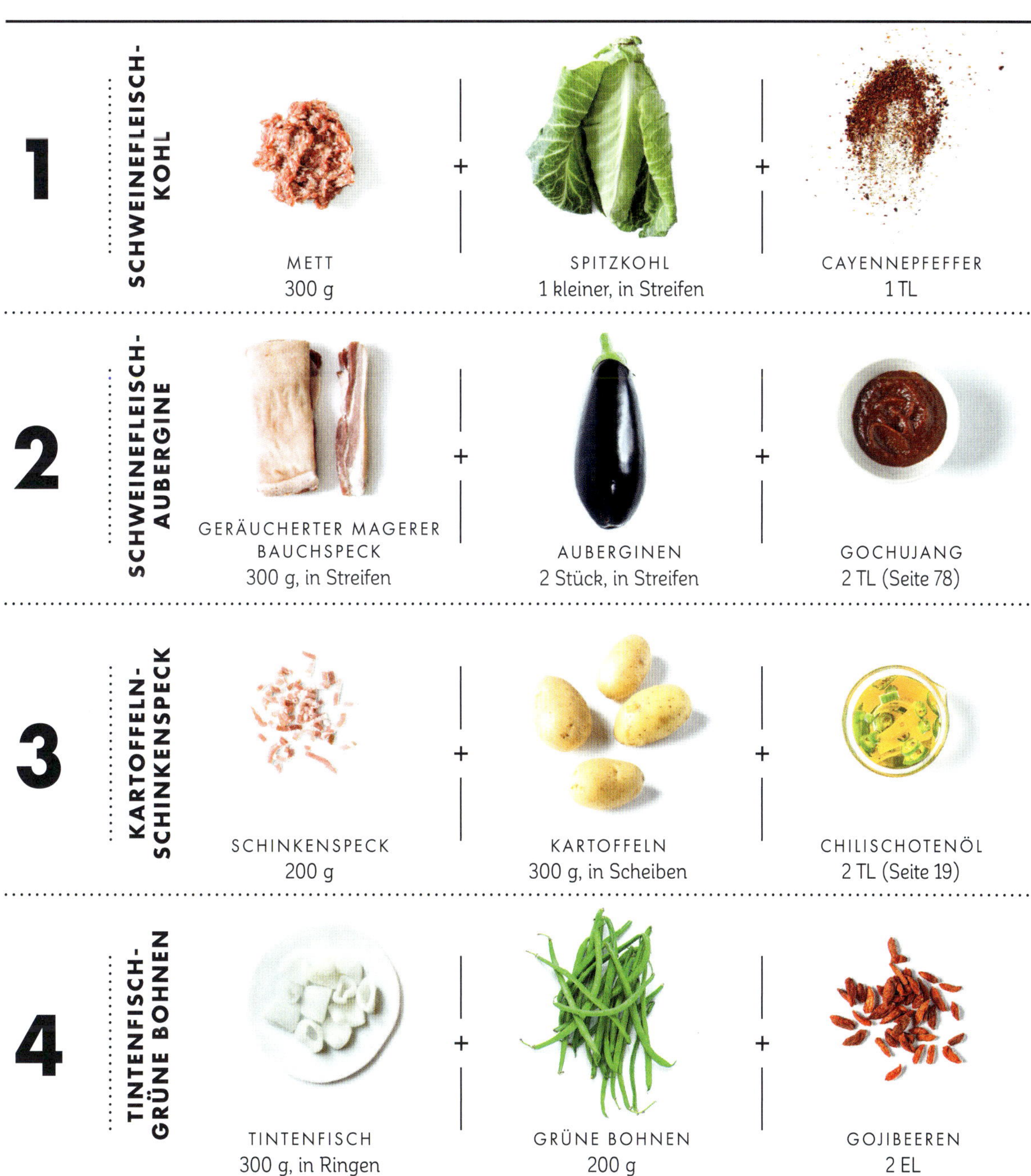

1	**SCHWEINEFLEISCH-KOHL**	METT 300 g	+ SPITZKOHL 1 kleiner, in Streifen	+ CAYENNEPFEFFER 1 TL
2	**SCHWEINEFLEISCH-AUBERGINE**	GERÄUCHERTER MAGERER BAUCHSPECK 300 g, in Streifen	+ AUBERGINEN 2 Stück, in Streifen	+ GOCHUJANG 2 TL (Seite 78)
3	**KARTOFFELN-SCHINKENSPECK**	SCHINKENSPECK 200 g	+ KARTOFFELN 300 g, in Scheiben	+ CHILISCHOTENÖL 2 TL (Seite 19)
4	**TINTENFISCH-GRÜNE BOHNEN**	TINTENFISCH 300 g, in Ringen	+ GRÜNE BOHNEN 200 g	+ GOJIBEEREN 2 EL

HERBSTRAMEN

Für 4 Personen • Vorbereitung: 15 Min.
Garen: 10 Min.

400 g Nudeln nach Wahl

1,6 l heiße Misobrühe (Seite 11)

300 g gemischte frische Pilze

300 g Rinderfilet

2 Knoblauchzehen

¼ Bund Koriander

- Den Knoblauch schälen und hacken. Das Fleisch in Streifen schneiden, große Pilze halbieren oder vierteln.
- Etwas Pflanzenöl in einer Pfanne erhitzen und den Knoblauch darin dünsten. Fleisch und Pilze unterrühren, mit Salz und Pfeffer würzen und alles bei starker Hitze 3 Minuten braten.
- Die Nudeln nach Packungsangabe kochen, abtropfen und auf vier Schalen verteilen. Mit der heißen Brühe übergießen.
- Pilze und Rindfleisch in die Suppe geben und mit Koriander bestreut sofort servieren.

WINTERRAMEN

Für 4 Personen • Vorbereitung: 15 Min.
Garen: 10 Min.

400 g Nudeln nach Wahl + 1,6 l heiße Misobrühe (Seite 11) + 1 Karotte

1 Bund Rüben + 1 Block fester Tofu + 1 Stange Lauch (nur der grüne Teil)

• Das Gemüse putzen und ggf. schälen. Karotte und Rüben in Scheiben schneiden, den Lauch in Ringe und den Tofu würfeln.

• Etwas Pflanzenöl auf mittlerer Stufe in einer Pfanne erhitzen und Rüben und Karotten darin 2 Minuten braten. 250 ml Misobrühe zugießen, salzen und 3 Minuten abgedeckt köcheln lassen. Tofu und Lauch hinzufügen und 1 Minute mitkochen.

• Die Nudeln nach Packungsangabe kochen, abtropfen und auf vier Schalen verteilen. Mit der heißen Brühe übergießen.

• Das Gemüse mit dem Sud in die Suppe geben und sofort servieren.

GARNELEN-MISO-RAMEN

Für 4 Personen • Vorbereitung: 10 Min.
Garen: 20 Min.

400 g Nudeln nach Wahl + 1,6 l Misobrühe (Seite 11) + 16 rohe Garnelen

2 Stängel Koriander + 1 Knoblauchzehe + 1 Bio-Limette

• Die Garnelen schälen und den schwarzen Darmfaden entfernen, dann klein schneiden.

• Den Knoblauch schälen und hacken. Die Limettenschale abreiben. Etwas Pflanzenöl in einer Pfanne auf kleiner Stufe erhitzen und den Knoblauch darin 2 Minuten dünsten. Die Garnelenschalen hinzufügen und 5 Minuten bei mittlerer Hitze braten. Dabei mit einem Holzlöffel zerteilen. Mit der Brühe übergießen und alles zum Kochen bringen. Eventuell entstehenden Schaum abschöpfen.

• Die Brühe durch ein Sieb in einen Topf abgießen. Die Garnelen zufügen und 3 Minuten darin ziehen lassen.

• Die Nudeln nach Packungsangabe kochen, abtropfen und auf vier Schalen verteilen. Mit der heißen Brühe übergießen. Jede Suppe mit Limettenschale und Koriander bestreut servieren.

RAMEN MIT GARNELEN, SALAT & EDAMAME

Für 4 Personen • Vorbereitung: 15 Min.
Garen: 10 Min.

400 g Nudeln nach Wahl

1,6 l Shio-Brühe (Seite 12)

300 g rohe Garnelen

¼ Eisbergsalat

200 g gekochte Edamame, aus den Hülsen geschält

30 g Speisestärke

• Die Garnelen schälen und den schwarzen Darmfaden entfernen. Den Salat waschen und in große Stücke schneiden.

• Die Brühe zum Kochen bringen und die Garnelen darin 3 Minuten ziehen lassen.

• Die Speisestärke mit 2 Esslöffeln kaltem Wasser verrühren. In die Brühe rühren und 3 Minuten mitköcheln. Den Salat zufügen.

• Die Nudeln nach Packungsangabe kochen, abtropfen und auf vier Schalen verteilen. Mit der heißen Brühe übergießen und jede Suppe mit Edamame bestreut servieren.

ZITRONENRAMEN

Für 4 Personen • Vorbereitung: 15 Min.
Garen: 16 Min.

400 g Nudeln nach Wahl

1,6 l heiße Shio-Brühe (Seite 12)

300 g Hähnchenbrustfilet

2 Bio-Zitronen

1 Bund Schnittlauch

- Die Brühe zum Kochen bringen und das Hähnchenfilet 10 Minuten darin köcheln lassen. Herausheben, abkühlen lassen und in dünne Scheiben schneiden.
- Den Schnittlauch in 5 cm lange Streifen 1 ½ Zitronen in Scheiben schneiden.
- Die Brühe erhitzen und den Saft von ½ Zitrone zugießen.
- Die Nudeln nach Packungsangabe kochen, abtropfen und auf vier Schalen verteilen. Mit der heißen Brühe übergießen und jede Suppe mit Hähnchen- und Zitronenscheiben sowie Schnittlauch belegen. Sofort servieren.

RAMEN MIT MUSCHELN & SAKE

Für 4 Personen • Vorbereitung: 10 Min.
Garen: 12 Min.

400 g Nudeln nach Wahl

1,6 l heiße Shio-Brühe (Seite 12)

1 kg frische lebende Miesmuscheln

100 ml Sake

1 rote Zwiebel

1 Bund Schnittlauch

• Die Zwiebel schälen und in Ringe schneiden. Die Miesmuscheln abbürsten und waschen. Den Schnittlauch hacken.

• Etwas Öl in einer großen Pfanne erhitzen und die Zwiebel darin 3 Minuten dünsten. Die Muscheln zufügen und den Sake angießen. Abdecken und bei starker Hitze kochen, bis alle Muscheln geöffnet sind.

• Die Nudeln nach Packungsangabe kochen. Abtropfen und auf vier Schalen verteilen. Mit der heißen Brühe übergießen. Dann jede Suppe mit Muscheln und Zwiebeln belegen und mit Schnittlauch bestreuen. Sofort servieren.

JAKOBSMUSCHELN & PAK-CHOI

Für 4 Personen • Vorbereitung: 15 Min.
Garen: 10 Min.

400 g Nudeln nach Wahl

1,6 l heiße Shio-Brühe (Seite 12)

12 Jakobsmuscheln, ausgelöst

200 g Pak-choi

1 Stange Lauch (nur der weiße Teil)

70 g Butter

• Den Pak-choi waschen und grob hacken. Den Lauch in Streifen schneiden und sorgfältig waschen.

• 30 g Butter in einer Pfanne erhitzen und die Jakobsmuscheln darin 3 Minuten braten. Beiseitestellen. Etwas Pflanzenöl in die Pfanne geben und den Pak-choi darin 2 Minuten dünsten.

• Die Nudeln nach Packungsangabe kochen. Abtropfen und auf vier Schalen verteilen. Mit der heißen Brühe übergießen. Dann jede Suppe mit Jakobsmuscheln, Pak-choi und Lauch belegen und jeweils 10 g Butter zufügen. Sofort servieren.

SHIO-RAMEN

1 Rezept – 4 Variationen

NUDELN
400 g

SHIO-BRÜHE
1,6 l (Seite 12)

EIER
4 Stück, hart gekocht

ZUBEREITUNG

Die Brühe in einem Topf erhitzen.
Die Nudeln nach Packungsangabe kochen, abtropfen und auf vier Schalen verteilen. Mit der heißen Brühe übergießen. Alle Zutaten hinzufügen und sofort servieren.

SHIO-RAMEN IN VARIATIONEN

SAUCEN *Einmaleins*

Saucen kann man ganz einfach selbst herstellen. Hier finden Sie tolle Rezeptideen für Ihre Nudeln.

1

2

1. TOKIO-SAUCE
Ergibt 400 ml Sauce: 110 ml Sojasauce mit 190 ml Apfelsaft, 4 EL Sesamöl, 2 EL heller Sesamsaat und 1 EL frisch geriebenem Ingwer mischen.

2. SESAMSAUCE
Ergibt 350 ml Sauce: 6 EL Sojasauce mit 6 EL Tahini, 160 ml Apfelsaft, 1 EL frisch geriebenem Ingwer und ¼ TL Rapsöl mischen.

3. ASIASAUCE
Ergibt 300 ml Sauce: 4 EL Austernsauce mit 3 EL Sojasauce, 2 EL Nuoc-mâm, 4 EL Sesamöl, 7 EL Apfelsaft und 2 EL heller Sesamsaat mischen.

AUFBEWAHREN

In einem luftdichten Behälter können die Saucen bis zu 5 Tage im Kühlschrank aufbewahrt werden.

WEITERE VERWENDUNGSMÖGLICHKEITEN

Für Salat: Gurkenscheiben mit Tokio-Sauce übergießen und 10 Minuten ziehen lassen. Oder mit geschnittenem Kohl einen japanischen Krautsalat zubereiten. Tomatensalat mit Sesamsauce anrichten.

Für Fisch: Gebratenes Fischfilet mit Misosauce servieren. 1 EL Tsuyu mit 1 EL Wasser verrühren und ein Fischfilet darin 15 Minuten marinieren. Anschließend braten.

Für Fleisch: Gebratenes Rindfleisch oder Hähnchen mit Hanoi-Sauce servieren. Schweinegeschnetzeltes 15 Minuten in Asiasauce marinieren und mit Gemüse braten.

4. MISOSAUCE

Ergibt 350 ml Sauce: 6 EL rote Misopaste mit 170 ml Apfelsaft, 3 EL Erdnussmus, 2 EL Sesamöl und 1 EL frisch geriebenem Ingwer mischen.

5. TSUYU

Ergibt 200 ml: In einem Topf 100 ml Sojasauce, 100 ml Mirin (Seite 78) und 10 g Dashipulver (Seite 78) zum Kochen bringen. Abkühlen lassen.

6. HANOI-SAUCE

Ergibt 300 ml Sauce: 2 EL Nuoc-mâm, 4 EL Sojasauce, 6 EL Zitronensaft, 7 EL Apfelsaft, 3 TL Zucker mischen.

6

NUDELN MIT SCHWEINEFLEISCH

Für 4 Personen • Vorbereitung: 10 Min.
Garen: 18 Min.

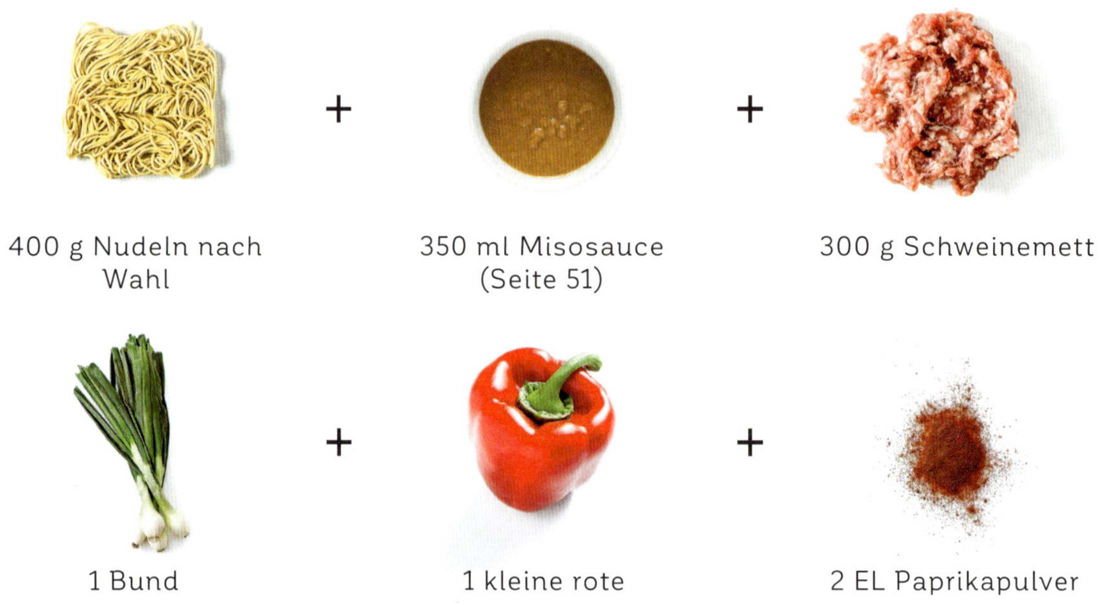

• Die Paprikaschote waschen, entkernen und in Streifen schneiden. Eine Zwiebel schälen und hacken. Nur den grünen Teil der Frühlingszwiebeln waschen und in Ringe schneiden.

• Etwas Pflanzenöl in einer Pfanne auf mittlerer Stufe erhitzen und die Paprika darin 2 Minuten braten. Beiseitestellen.

• Mehr Öl zugeben und die Zwiebel darin 1 Minute dünsten. Das Mett zufügen und 5 Minuten braten. 150 ml Misosauce und Paprikapulver zugeben. Alles 3 Minuten köcheln lassen.

• Die Nudeln nach Packungsangabe kochen. Abtropfen und auf vier Schalen verteilen. Die restliche Misosauce gleichmäßig neben die Nudeln auf die Schalen verteilen. Jede Suppe mit Paprika, Frühlingszwiebelringen und Fleisch belegen. Sofort servieren.

NUDELN MIT KOHL & INGWER

Für 4 Personen • Vorbereitung: 10 Min.
Garen: 7 Min.

400 g Nudeln nach Wahl

300 ml Asiasauce (Seite 50)

2 EL Sesamöl

½ Spitzkohl

40 g frischer Ingwer

1 TL Cayennepfeffer

• Den Kohl in große Stücke zupfen, den Ingwer schälen und in feine Streifen schneiden.

• Das Sesamöl auf hoher Stufe in einer Pfanne erhitzen und den Kohl darin 3 Minuten braten. In eine Schüssel füllen und mit Ingwer und Asiasauce vermischen.

• Die Nudeln nach Packungsangabe kochen. Abtropfen und auf vier Schalen verteilen.

• Die Kohlmischung über die Nudeln verteilen. Mit Cayennepfeffer bestreuen und servieren.

NUDELN MIT SPROSSEN & SCHNITTLAUCH

Für 4 Personen • Vorbereitung: 10 Min.
Garen: 7 Min.

400 g Nudeln nach Wahl

300 ml Asiasauce (Seite 50)

100 ml Knoblauchöl (Seite 18)

200 g Bohnensprossen

4 Bunde Schnittlauch

1 TL Szechuanpfeffer

• Den Schnittlauch fein hacken.

• Die Nudeln nach Packungsangabe kochen. 1 Minute vor Ende der Garzeit die Bohnensprossen zufügen. Abtropfen und in eine Schüssel geben. Mit der Asiasauce beträufeln, vermengen und auf vier Teller verteilen.

• Die Nudeln mit dem Schnittlauch bestreuen. Das Öl in einer kleinen Pfanne erhitzen und über jede Nudelportion gießen. Mit Szechuanpfeffer bestreuen und sofort servieren.

GEBRATENER TOFU

1 Rezept – 4 Variationen

NUDELN
400 g

TOKIO-SAUCE
400 ml (Seite 50)

+

FESTER TOFU
400 g

SPEISESTÄRKE
40 g

ZUBEREITUNG

Den Tofu in 16 Scheiben schneiden, auf Küchenpapier legen und trocken tupfen. In der Speisestärke wenden. Etwas Pflanzenöl in einer Pfanne auf mittlerer Stufe erhitzen und den Tofu darin von jeder Seite 3 Minuten braten. Abkühlen lassen. Die Nudeln kochen, abgießen, mit kaltem Wasser abschrecken und abtropfen lassen. Auf vier Teller verteilen. Die übrigen Zutaten zufügen und mit Sauce begießen. Sofort servieren.

1

WAKAME-KAROTTE

+ 1 Karotte, gehackt
+ 10 g getrocknete Wakame-Algen, eingeweicht
+ ¼ Bund Koriander

2

AVOCADO-ROTKOHL

+ 1 Avocado, in Scheiben geschnitten
+ 1 kleines Stück Rotkohl, gehobelt
+ 100 g Rucola

3

3 FENCHEL-RADIESCHEN

+ ½ Knolle Fenchel, in Scheiben geschnitten
+ ½ Bund Radieschen, in Scheiben geschnitten
+ 1 rote Zwiebel, in feine Ringe geschnitten

4

STAUDENSELLERIE-TOMATE

+ 1 Stange Sellerie, in Stücke geschnitten
+ 12 Kirschtomaten, halbiert
+ 4 Stängel Basilikum

NUDELN MIT HUHN & GEMÜSE

Für 4 Personen • Vorbereitung: 15 Min.
Garen: 15 Min.

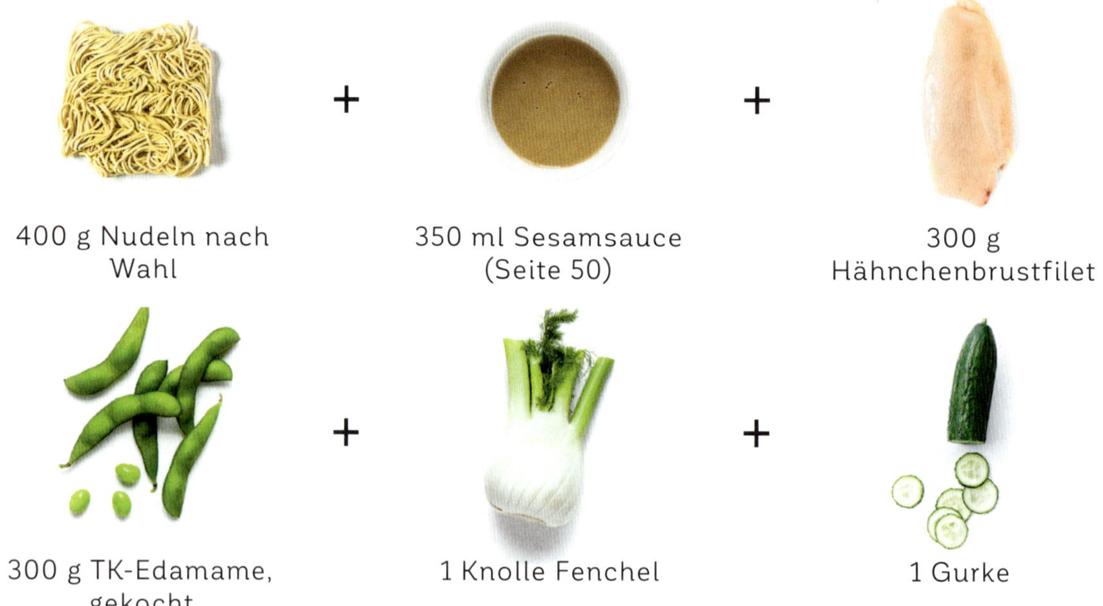

400 g Nudeln nach Wahl + 350 ml Sesamsauce (Seite 50) + 300 g Hähnchenbrustfilet

300 g TK-Edamame, gekocht + 1 Knolle Fenchel + 1 Gurke

- Das Fleisch in einen Topf mit kochendem Salzwasser geben. Abgedeckt 10 Minuten bei mittlerer Hitze köcheln lassen. Abtropfen und abkühlen lassen, dann in Scheiben schneiden.
- Gurke und Fenchel klein schneiden. Die Edamamekerne aus den Hülsen schälen.
- Die Nudeln nach Packungsangabe kochen. Abgießen, mit kaltem Wasser abschrecken und abtropfen. Auf vier Teller verteilen. Die übrigen Zutaten in einer Schüssel vermischen und über die Nudeln geben. Sofort servieren.

NUDELN MIT GARNELEN & SPARGEL

Für 4 Personen • Vorbereitung: 15 Min.
Garen: 7 Min.

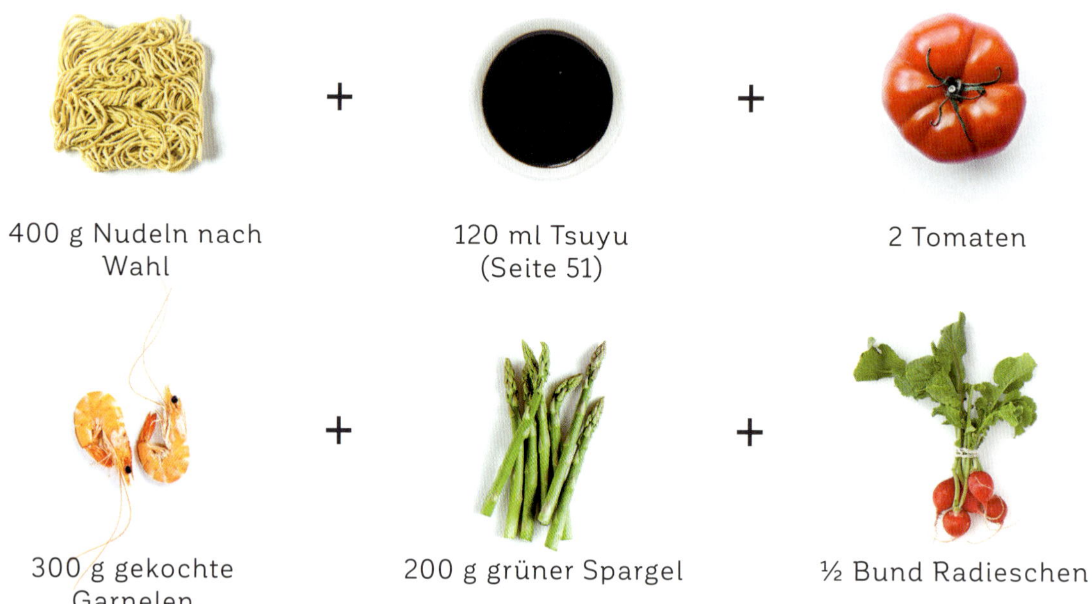

- 400 g Nudeln nach Wahl
- 120 ml Tsuyu (Seite 51)
- 2 Tomaten
- 300 g gekochte Garnelen
- 200 g grüner Spargel
- ½ Bund Radieschen

• Die Tomaten mit kochendem Wasser übergießen und 2 Minuten ziehen lassen. Dann schälen, würfeln und mit 120 ml Wasser vermischen. Die Tsuyu unterrühren. In den Kühlschrank stellen.

• Die Radieschen waschen und in feine Scheiben schneiden. Den Spargel 3 Minuten in kochendem Wasser garen. Abtropfen und abkühlen lassen.

• Die Spitzen abschneiden und die Stangen in kleine Stücke schneiden.

• Die Nudeln nach Packungsangabe kochen. Abgießen, mit kaltem Wasser abschrecken und abtropfen. Auf vier Teller verteilen. Spargel, Radieschen und Garnelen auf den Nudeln anrichten. Mit der Sauce übergießen und servieren.

NUDELN MIT HUHN & BRUNNENKRESSE

Für 4 Personen • Vorbereitung: 20 Min.
Garen: 4 Min.

- 400 g Nudeln nach Wahl
- 400 ml Tokio-Sauce (Seite 50)
- 1 TL Wasabi
- 1 Bund Radieschen
- ½ Bund Brunnenkresse
- 400 g gekochtes Hähnchenbrustfilet

• Das Gemüse waschen. Die Blätter der Brunnenkresse abzupfen, die Radieschen raspeln. Das Fleisch in dünne Scheiben schneiden.

• Die Tokio-Sauce mit dem Wasabi verrühren.

• Die Nudeln nach Packungsangabe kochen. Abgießen, mit kaltem Wasser abschrecken und abtropfen. Auf vier Teller verteilen.

• Brunnenkresse, Hähnchenscheiben und Radieschen auf den Nudeln anrichten. Die Wasabisauce separat dazu reichen.

VEGGIE-NUDELN MIT AVOCADOSAUCE

Für 4 Personen • Vorbereitung: 20 Min.
Garen: 4 Min.

400 g Nudeln nach Wahl + 400 ml Tokio-Sauce (Seite 50) + 3 Avocados

1 Bio-Zitrone + 1 rote Zwiebel + 2 Tomaten

• Ein kleines Stück rote Zwiebel fein hacken. Die Avocados schälen und halbieren. 2 Avocados in Scheiben schneiden, 1 Avocado mit 180 ml Wasser, 2 Esslöffeln Tokio-Sauce und dem Saft von ¼ Zitrone pürieren. Die gehackte Zwiebel zufügen und salzen.

• Die restliche Zwiebel in feine Streifen schneiden, die Zitrone in 6 Scheiben schneiden und diese halbieren. Die Tomaten halbieren.

• Die Nudeln nach Packungsangabe kochen. Abgießen, mit kaltem Wasser abschrecken und abtropfen. Auf vier Teller verteilen.

• Das Gemüse auf den Nudeln anrichten und die Avocadocreme darübergeben. Mit Zitronenscheiben belegen und mit der restlichen Tokio-Sauce beträufelt servieren.

NUDELN MIT SCHNITZEL

Für 4 Personen • Vorbereitung: 10 Min.
Marinieren: 10 Min. • Garen: 15 Min.

400 g Nudeln nach Wahl

\+

1,6 l heiße Shoyu-Brühe (Seite 10)

\+

4 Lummerschnitzel

45 ml Austernsauce

\+

90 g Speisestärke

\+

¼ Bund Frühlingszwiebeln (nur der grüne Teil)

• Die Austernsauce mit etwas Pfeffer in einen Gefrierbeutel geben, die Schnitzel hineinlegen und den Beutel gut verschließen. 10 Minuten im Kühlschrank marinieren. Anschließend das Fleisch mit der Speisestärke bestreuen.

• Etwas Pflanzenöl auf mittlerer Stufe in einer Pfanne erhitzen und die Schnitzel darin von jeder Seite 5 Minuten braten. Abtropfen und in 2 cm breite Streifen schneiden.

• Die Nudeln nach Packungsangabe kochen. Abtropfen und auf vier Schalen verteilen. Mit der heißen Brühe übergießen.

• Jede Suppe mit 1 Schnitzel belegen. Die Frühlingszwiebeln in Ringe schneiden und darauf anrichten. Sofort servieren.

CHINESISCHES FONDUE MIT NUDELN

Für 4 Personen • Vorbereitung: 25 Min.
Garen: 15 Min.

400 g Nudeln nach Wahl

40 cl Tokio-Sauce (Seite 50)

300 g Kochschinken

1 Gurke

3 Eier

1 Bund Frühlingszwiebeln (nur der grüne Teil)

• Die Eier mit etwas Salz und Zucker verquirlen. Eine beschichtete Pfanne erhitzen und die Eier zu einem dünnen Omelett ausbacken. In dünne Streifen schneiden.

• Gurke und Schinken in Streifen und die Frühlingszwiebeln in Ringe schneiden.

• Die Nudeln nach Packungsangabe kochen. Abgießen, mit kaltem Wasser abschrecken und abtropfen. In mehreren Nestern auf einem japanischen Bambussieb oder einem Teller anrichten.

• Gurke, Schinken, Ei und Frühlingszwiebeln in separate Schüsseln geben. Die Tokio-Sauce auf vier Schalen verteilen. Jeder Gast befüllt nach Belieben seine Schüssel mit Nudeln, Gemüse und Schinken und isst direkt aus der Schale mit der Sauce.

FLEISCHBÄLLCHEN-FONDUE

Für 4 Personen • Vorbereitung: 20 Min.
Garen: 10 Min.

400 g Instant-Nudeln + 1,6 l Shio-Brühe (Seite 12) + 4 Hähnchenkeulen, entbeint

12 Shiitake-Pilze + 1 Bund Brunnenkresse + 2 Karotten

• Das Gemüse waschen, die Pilze putzen und die Stiele entfernen. Die Blätter der Brunnenkresse abzupfen. Die Karotten schälen und mit dem Sparschäler in feine Streifen schneiden.

• Das Fleisch fein hacken und mit Salz und Pfeffer würzen. Aus der Masse kleine Kugeln formen.

• Die Brühe in einem Topf zum Kochen bringen. Einige Fleischbällchen und Pilze hineingeben und 5 Minuten darin ziehen lassen. Die Hälfte der Nudeln zufügen und 3 Minuten mitkochen. Die Hälfte von Brunnenkresse und Karotten zugeben und 2 Minuten mitgaren.

• Den Topf auf einen Gasbrenner oder ein Fondue-Rechaud auf den Tisch stellen, sodass jeder Gast sich bedienen kann. Die übrigen Zutaten auf einem Teller anrichten und nach und nach in der heißen Brühe garen.

STAUB
STAUB

FERTIG-BRÜHEN

In Asiamärkten und japanischen Geschäften sind viele Saucen und Brühen als Fertigprodukte erhältlich, die eine gute Saucengrundlage abgeben.

1

1. GEKÖRNTE BRÜHE AUS SCHWEINEFLEISCH, HUHN UND AUSTERN

Eine Mischung aus Fleisch- und Gemüseextrakten. Sie ist für alle asiatischen Zubereitungen geeignet, auch für Wokgerichte.

2

2. GEKÖRNTE HÜHNERBRÜHE

Enthält ein fetthaltiges Hühnerknochenextrakt sowie Gemüse und Gewürze. Auch für Wokgerichte geeignet.

3

3. GEKÖRNTE DASHI-BRÜHE

Gefriergetrockneter Extrakt aus Dashi-Brühe, die entweder aus Bonito-Flocken (Katsuobushi) oder Seetang (Kombu) hergestellt wurde. In Japan ist Dashi die Grundlage vieler Gerichte wie Misosuppe, Ramen, Udon, Soba und gekochte Gerichte, also ein wahres Allroundgewürz.

4. RAMEN-SUPPENPULVER
Gefriergetrockneter Extrakt aus Schweine-, Geflügel- oder Fischbrühe. In heißem Wasser auflösen.

7

5. FLÜSSIGE HÜHNERBRÜHE
Dieses Geflügel-, Gemüse- und Gewürzextrakt wird in Beuteln abgefüllt. Einfach in kochendes Wasser geben und fertig ist die Brühe.

6

6. SOJA-INGWER-HÜHNERBRÜHEPULVER
Diese beliebte Brühe enthält Hühnerextrakt, Sojasauce, Ingwerwurzel und weißen Pfeffer.

7. WÜRZPASTE
Diese beliebte japanische Würze im chinesischen Stil enthält Gemüse-, Hühner- und Schweinefleischextrakte sowie weitere Gewürze. Sie sollte zuerst in Wasser verdünnt werden und eignet sich zum Würzen von Wokgerichten und anderen Gerichten im chinesischen Stil.

5

4

Rezeptverzeichnis

Aromatisiertes Öl 18

Chinesisches Fondue mit Nudeln 70

Eier, mariniert 16

Fertigbrühen 74
Fleischbällchen-Fondue 72

Garnelen-Miso-Ramen 38
Gebratener Tofu 58

Herbstramen 34
Hokkaido-Miso-Ramen 30
Hühnerbrühe 8

Jakobsmuscheln & Pak-choi 46

Marinierte Eier 16
Miso-Ramen 32
Misobrühe 11

Nabeyaki-Ramen mit Surimi 26
Nudeln mit Garnelen & Spargel 62
Nudeln mit Huhn & Brunnenkresse 64
Nudeln mit Huhn & Gemüse 60
Nudeln mit Kohl & Ingwer 54
Nudeln mit Schnitzel 68
Nudeln mit Schweinefleisch 52
Nudeln mit Sprossen & Schnittlauch 56

Ramen mit Garnelen, Salat & Edamame 40
Ramen mit Muscheln & Sake 44

Saucen 50
Shiitake & Knoblauchchips 22
Shio-Brühe 12
Shio-Ramen 48
Shoyu-Brühe 10
Shoyu-Ramen 20

Teriyaki-Ramen mit Huhn & Ei 24

Veggie-Nudeln mit Avocadosauce 66

Wantan mit Schweinefleisch 28
Winterramen 36

Yakibuta-Braten 14

Zitronenramen 42

ISBN 978-3-8094-4520-3

3. Auflage 2025

produktsicherheit@penguinrandomhouse.de
(Vorstehende Angaben sind zugleich Pflichtinformationen nach GPSR)

Originaltitel: LE B.A.-BA der bouillons et autres ramens

Layout: Chimène De
Redaktion: Aurélie Legay

Projektleitung dieser Ausgabe: Anja Halveland
Umschlaggestaltung: Atelier Versen, Bad Aibling
Herstellung: Elke Cramer

Realisierung der deutschen Ausgabe: trans texas publishing services, Köln
Übersetzung: Antje Seidel
Satz: Satzwerk Huber, Germering

Druck und Bindung: Firmengruppe APPL, aprinta druck, Wemding
Printed in Germany

Penguin Random House Verlagsgruppe FSC® N001967

WÜRZMITTEL

Dies sind die wichtigsten Würzmittel für einen authentischen Ramengeschmack.

ASIATISCHE GEWÜRZE

1. AUSTERNSAUCE: Sauce mit konzentriertem Austernextrakt

2. GOCHUJANG: Koreanische Chilipaste

3. NUOC-MÂM: Vietnamesische Fischsauce

JAPANISCHE GEWÜRZE

4. WASABI: Grüne geriebene Meerrettichwurzel

5. HELLE MISOPASTE: leicht fermentierte Sojabohnenpaste mit hohem Reisanteil

6. ROTE MISOPASTE: fermentierte Sojabohnenpaste mit hohem Gerstenanteil, intensiv im Geschmack

7. JAPANISCHER ESSIG: aus Reis und Getreide hergestellt mit mildem Geschmack

8. SOJASAUCE: in den drei Variationen regulär (Shoyu), dunkel und stark (Tamari), hell (Usukuchi)

9. LAYU: rotes Chiliöl

1

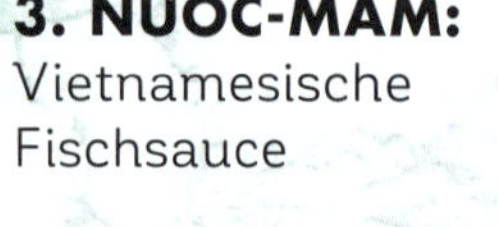

3

4

2

EIN EINZIGARTIGER GESCHMACK

Ramen sind ein wesentlicher Bestandteil der japanischen Küche. Der Geschmack dieser köstlichen Suppe entsteht durch die Verwendung traditioneller Gewürze, insbesondere durch mit Koji (japanische Pilzart) fermentierte Sojaprodukte. Dazu zählen Sojasauce und Miso, die zusammen mit Sake und Mirin die wahren Schätze Japans sind.

5